Les couleurs de l'oubli

Tous droits réservés pour tous pays
© Les Éditions de l'Atelier
Imprimé en France - *Printed in France*
ISBN 978-2-7082-4024-7

François
Arnold

Jean Claude
Ameisen

Postface
Marie-France
Maugourd

Les couleurs de l'oubli

LES ÉDITIONS DE L'ATELIER

Chacun des quarante et un tableaux présentés dans ce livre
est accompagné par un texte de François Arnold.

À vous tous, Denise, Charline, Joseph,
Jérôme, Andrée, Maurice, Eugénie, Juliette,
Louis, Roland, Lydie, Rachel, Jeanne, Simone, Henriette,
Julien, Irène, Renée, Georges, Cyrilla, Albert, Louise,
Charles, Odette, Suzanne, Odile, Marie, Robert, José,
Étienne, Guy, Élisabeth, Maud…

Comme au premier matin du monde

Jean Claude Ameisen

> *Cette expérience de la vie que la vie fait d'elle-même,*
> *de soi-même en train de vivre.*
> Jorge Semprun

Loin de la ville. Loin de tout.
Je ne sais pas si les murs sont blancs ou bleus ou gris.
La lumière du jour glisse dans la chambre, à travers les rideaux. Et à travers la porte, les premiers bruits du matin.

> *Je me souviens…*
> *Je me souviens du « tac-tac ».*
> *Je me souviens du rouge à lèvres « Baiser », « le rouge qui permet l baiser ».*
> *Je me souviens du grand orchestre de Ray Ventura.*
> *Je me souviens qu'en haut du boulevard Saint-Michel, il y avait un magasin, appelé je crois le Chantecler, où l'on pouvait, moyennant vingt francs (anciens) écouter un disque (78 tours).*
> *Je me souviens de :*
> *« I wander lonely as a cloud*
> *When all at once I see a crowd*
> *A – ? – of golden daffodils. »*
> *Je me souviens de :*
> *« Petit Papa, c'est aujourd'hui ta fête*
> *Maman m'a dit que tu n'étais pas là.*
> *J'avais des fleurs pour couronner ta tête… »*
> *(j'ai oublié la suite).*
> Georges Perec

Loin de la ville. Loin de tout. Les saisons passent. Les visites sont rares.
La lumière du jour glisse dans la chambre, à travers les rideaux.
La vieille dame sort de sa chambre. Elle traverse les couloirs. Et elle entre dans la grande pièce, devant le parc. Dans l'Atelier.

Une fois par semaine, vous vous retrouvez là. Certains viennent depuis longtemps, d'autres ne sont encore jamais venus. Certains se connaissent, d'autres pas. Certains se redécouvrent, encore, et encore, pour la première fois.

Je ne connais pas vos sourires, ni vos visages, ni votre main qui guide le pinceau.
Mais je sais vos gestes hésitants, ce regard qui soudain se voile, ce sourire qui soudain se fige, la surprise de ne pas reconnaître celui qui a l'air de vous connaître, l'inquiétude d'être reconnu par qui on ne connaît pas.
Je vous ai un jour croisé sans savoir qui vous étiez. Sans voir cette lumière qui brillait en vous.
Tu as le regard de ma mère, de ma grand-mère, de mon oncle, d'une voisine, d'un voisin, d'une amie qui, un jour, est partie au loin et que je n'ai pas revue.
Je vous ai tous un jour croisés et je ne vous ai pas reconnus.

> *Ivresse de renommer les choses comme au premier matin du monde.*
> François Cheng

Pouvoir traverser les couleurs du tableau à ta rencontre. Effleurer ta main. Poser ma main sur ton épaule. Chercher ton regard. Me tenir près de toi. Découvrir ta voix.
Une lampe à huile tremble dans la lumière, comme de l'eau, au milieu des plantes. Des poissons enchâssés dans un vitrail. Un chat, les yeux bleus grands ouverts, au regard humain.
Un sentiment de beauté. De profondeur. De fragilité. La promesse d'un printemps dans l'hiver. Une tapisserie aux reflets de bleu, de rouge, de violet. Une fleur, deux fleurs, deux épis lourds, au soleil, portés par leurs fines tiges brunes entourées de feuilles.
« Le bâton qui fleurit » de Rachel. Orange et rose et blanc et vert. Voiles de chair, nageoires, promesses d'une chrysalide qui s'ouvre.
Empreintes. Éclats visibles d'une vie intérieure qui se dévoile à elle-même et aux autres. Tu fais sortir de toi les couleurs et les formes qui t'habitent. La richesse de ta vie intérieure illumine ces tableaux. Tu es en devenir. Tu es en train d'apparaître. Ton regard traverse les couleurs et rencontre notre regard.
Et s'impriment en nous ta présence, et le regret de ne pas t'avoir connu.

Quelque chose de toi est devant nous. Quelque chose que nous voyons, pour la première fois. Tu es celle ou celui sur laquelle, sur lequel glisse désormais, à la surface d'un tableau, cette lumière qui était en toi.

Les saisons passent. Loin de tout. Les visites sont rares. Tu regagnes ta chambre. Tu t'endors dans le silence, la solitude et l'obscurité.
Demain tu me reconnaîtrais. Ou tu ne me reconnaîtrais pas.
Et tu me nommerais encore, peut-être, pour la première fois.
Comme tu as nommé ton tableau en le découvrant devant toi.
Pouvoir du peintre. Pouvoir de l'enfant. Pouvoir du premier homme, dit la *Genèse*, de nommer les animaux et les plantes au sixième jour de la Création.
Au premier matin du monde.
Tous les matins du monde sont sans retour écrit Pascal Quignard.
Tous les matins du monde sont le premier.
Et il y a peut-être dans l'oubli une forme de joie. D'éternel recommencement. D'éternelle inquiétude et d'éternel émerveillement. D'éternel retour à l'origine. D'éternelle création.
Toute création est origine.
Et l'oubli est au cœur de la création.

> *Pour écrire un seul vers, il faut pouvoir se remémorer les routes dans des contrées inconnues, des rencontres inattendues, et des adieux prévus depuis longtemps – des journées d'enfance restées inexpliquées [...]. Il faut avoir en mémoire [...] des nuits de voyage qui vous emportaient dans les cieux et se dissipaient parmi les étoiles – et ce n'est pas encore assez que de pouvoir penser à tout cela. [...] Il faut se rappeler les cris des femmes en train d'accoucher [...]. Il faut aussi avoir été au côté des mourants, il faut être resté au chevet d'un mort [...]. Et il n'est pas encore suffisant d'avoir des souvenirs. Il faut pouvoir les oublier, quand ils sont trop nombreux, et il faut avoir la grande patience d'attendre qu'ils reviennent. Car les souvenirs ne sont pas encore ce qu'il faut. Il faut d'abord qu'ils se confondent avec notre sang, avec notre regard, avec*

> *notre geste, il faut qu'ils perdent leurs noms et qu'ils ne puissent plus être discernés de nous-mêmes ; il peut alors se produire qu'au cours d'une heure très rare, le premier mot d'un vers surgisse…*
>
> Rainer Maria Rilke

Une fois par semaine, tu entres dans l'Atelier. À travers les vitres, le parc. Les arbres et les fleurs. Le soleil, les nuages, ou le brouillard. Et le vent.
De l'oubli de combien de voyages, de combien de paysages, de combien de rencontres. De l'oubli de combien d'êtres aimés, de combien de rêves, de combien de drames sont tissés ces éclats de splendeur que tu fais remonter en toi et que tu transformes en couleurs.

Nous sommes tous faits d'absence.
De mémoire et d'oubli. De l'empreinte en nous de ce qui nous a fait naître et qui a disparu. De la présence de l'absence.
Tu es fait de mémoire. De la mémoire de ton enfance, d'un jardin, de ta mère, de ton père, de ton mari, de ta femme, des rues où tu as vécu, des noms de fleurs, des noms des saisons. Des odeurs, des regards, des caresses et des coups de la vie. De tendresse et de cicatrices.

Et qu'importe la cohérence des phrases. Qu'importe la continuité du fleuve de la mémoire qui s'égare en chemin. Du fil de la mémoire, qui parfois se brise. Qu'importe ce voile soudain sur le regard. Ces hésitations des pas et des gestes. Ce silence. Cet arrêt. Ce tremblement.

Au-delà des mots. Au-delà du temps.
La présence d'une vie intérieure qui bat.
La présence d'un monde qui n'en finit pas de se construire.

> *Le temps lui-même n'a pas d'existence en tant que tel. Ce sont les choses et leur écoulement qui rendent sensibles le passé, le présent et l'avenir.*
>
> Lucrèce

Ces tableaux sont nés de rencontres. De personne à personne.

Une fois par semaine. Parfois durant des mois. Des années.
Parfois une seule fois.

Dans l'Atelier, un homme aux cheveux blancs va vers toi, te sourit, distribue des couleurs, te donne un pinceau, te rassure, guide ou retient un instant ta main, t'encourage en traçant quelques contours au crayon.

C'est lui qui m'a parlé de vous.
C'est lui qui t'a parlé. Qui est allé à ta rencontre. Lui qui t'a permis de faire émerger en toi ce que les autres croyaient disparu. Ce que toi aussi peut-être, en écoutant les autres, tu croyais disparu.
Tu mélanges tes couleurs. Tu parles. Tu ris. Tu peins.
Et tu nommes ton tableau. Comme au premier matin du monde. Et tu l'emportes avec toi, dans ta chambre.
Ou tu le donnes à François. Lui qui nous permet aujourd'hui d'aller à votre rencontre. Au-delà de vous. Au-delà de l'oubli.

Il y a un livre de Georges Perec où manque la lettre de l'alphabet la plus fréquemment utilisée dans notre langue. Aucun des mots de *La disparition* ne contient la lettre *e*. Cette absence hante le récit. Elle construit le véritable récit à l'intérieur du récit. Dire malgré le manque, par-delà le manque, construire, en creux, une mémoire qui témoigne de l'absence et de l'oubli. Révéler, par chaque mot écrit, tous les mots qui manquent, tous les récits perdus, parce que manque la lettre *e* dont sont faits ces mots. Sans *e*. Sans *eux*.

Dans chacun de vos tableaux, il y a un au-delà de l'oubli. Une rencontre. Un échange. Un partage. Et la trace de cette rencontre, de cet échange, de ce partage.
Chacun de vos tableaux dit le temps de la création.

Et le temps aboli, une fois le tableau achevé.

L'instant éternel de l'image, qui capture et libère des reflets d'une vie qui se déploie par-delà les discontinuités de l'oubli.

Ce qui demeure, c'est la richesse de l'élan qui lui a donné naissance.

 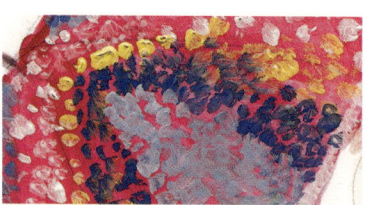  

Richesse dont nous n'avons comme preuve que ces traces. Richesse dont nous savons qu'elle ne peut émerger que de la rencontre, de l'échange, de la confiance, de l'écoute et de la tendresse. De la recherche de la personne.
Cette recherche ouverte écrivait Maurice Blanchot *où trouver, c'est montrer des traces et non inventer des preuves.*

Vous voir de loin, c'est inventer des preuves de ce que l'on croit découvrir. Vous donner la possibilité de vous exprimer, de vous réinventer, c'est faire apparaître des traces. Les véritables preuves. Les seules. Les preuves de notre commune humanité.

Nous avons l'art disait Nietzsche *pour éviter que la vérité ne nous détruise.* Mais quelle vérité ? La vérité du regard qui se voile, la vérité de l'oubli, la vérité du geste qui hésite, de l'absence ? Nous avons l'art pour éviter que l'illusion des apparences ne nous détruise. Ne vous détruise. Ne détruise notre commune humanité, en traçant, entre vous et nous, entre toi et moi, une distance qui repousse dans l'ombre, l'abandon et l'exclusion, ceux à qui nous ne disons pas *Tu* parce que nous croyons qu'ils ont perdu la capacité de dire *Je*, et de se vivre.

Le pari sur la personne fait apparaître la personne. La certitude froide de l'observation la fait disparaître. Sans le dialogue avec une mère, aucun enfant ne parlerait. Sans la parole et la peinture et le pinceau et le temps donné, aucun de ces éclats de couleurs ne serait devant nos yeux.
Le silence appelle le silence. La distance, la distance. L'indifférence, l'indifférence.
Ces tableaux racontent l'histoire d'une relation. Cristallisée dans la lumière. Hors du temps.

Comme les fresques que nous découvrons sur les parois des premiers lieux qu'ont habités, il y a si longtemps, nos premiers ancêtres. Et qui nous font leur donner le nom d'humains. Et qui nous émerveillent par-delà le temps et l'oubli. Comme s'ils étaient encore là. Vivants. De l'autre côté de la paroi. Si proches. D'avoir vécu et traduit aussi intensément ce que nous apprenons chacun de la splendeur et des ravages d'une existence sans retour.

Une fois par semaine – pourquoi une fois seulement ? – une fois par semaine, tu entres dans l'Atelier. Tu mélanges tes couleurs. Tu parles. Tu peins.

> *Tu apprends*
> *Tu apprends à tes mains*
> *Tu apprends à tes mains, tu apprends*
> *Tu apprends à tes mains*
> *À dormir.*
> Paul Celan

Tu apprends à tes mains à endormir la souffrance. À créer. À découvrir. À te découvrir.
Au-delà de ce que tu croyais savoir de toi.
Tu apprends à tes mains à inscrire un instant de toi dans le regard de l'autre.
Tu apprends que tu es dans le regard de l'autre.
Tu apprends à faire naître une partie de la lumière qui est en toi.

Tu retournes dans ta chambre. Avec ton tableau. Tu t'endors, dans la solitude, le silence et l'obscurité.
Les saisons passent. Loin de tout. Les visites sont rares.

Un jour peut-être, j'entrerai dans l'Atelier.
Un homme aux cheveux blancs sourit. Il vient vers nous. Vers moi.
Derrière les vitres, le vent fait trembler les branches et les fleurs dans le parc.
Je tiens un pinceau dans ma main, et près de moi, sur une assiette, les couleurs.
Mon regard un instant se voile. Je lève la main, en tremblant un peu.

Maintenant, je te vois. Tu me souris.

> *Seul l'art a le pouvoir de sortir la souffrance de l'abîme.*
> Aharon Appelfeld

Apprivoiser les pinceaux et les couleurs

François Arnold

Un hôpital situé à l'orée d'une forêt, loin, très loin de la cité. Quelques centaines de vieillards y sont accueillis et soignés. Pour beaucoup d'entre eux, atteints par la maladie d'Alzheimer, ce lieu de soin deviendra leur demeure, leur dernière demeure…

Les bâtiments de l'hôpital Georges-Clemenceau de Champcueil dans l'Essonne ont été construits pour un retour à la vie : fenêtres captant le soleil, larges balcons, jardins soigneusement entretenus… Idéal pour se promener et respirer l'air parfumé des essences d'arbres du bois voisin.

Mais rares sont les personnes âgées, très âgées et malades, qui profitent du charme ambiant. Leur promenade, en effet, quand elle reste possible, s'effectue dans les couloirs, le plus souvent en fauteuil roulant, avec pour destination la salle de kinésithérapie… Leur promenade, c'est aussi pour certains une errance sans fin entre des murs devenus invisibles. Pourtant la vie est là, particulièrement dans cette longue artère reliant les services entre eux où l'on tente d'apporter un bol d'air de la cité : bibliothèque, coin-bar, salle des fêtes…

Un jour, dans cette galerie, s'installe un atelier de peinture. C'était en 1993.
De nombreux vieillards y sont venus, une fois, deux fois, cent fois, heureux d'apprivoiser pinceaux et couleurs. Tous ignoraient qu'ils portaient en eux d'étonnants talents artistiques.

Les pages qui suivent montrent une sélection d'œuvres peintes par ces artistes, peintes parfois à la veille de leur mort.

Par-delà la diversité des peintures, le message apparaît clairement : l'homme, jusqu'à la dernière heure de sa vie, est capable de s'exprimer en beauté et d'y trouver joie.

Puisse ce message être saisi et donner envie d'aller au-devant des vieillards et de créer des lieux et des temps où ils laissent jaillir leurs émotions, leur rayonnement intérieur et le savoir d'une vie.

Cet ouvrage est un livre de mémoire, mémoire radieuse et émouvante.

Joseph

Joseph, Jérôme, Andrée

De temps en temps pour se détendre, oublier la réalité et jouer uniquement avec les couleurs, l'atelier se lance dans l'« abstrait ».
Il ne s'agit pas là d'un jeu réservé aux enfants. La preuve, c'est que les personnes âgées en sont friandes ! Il faut dire que c'est une manière de changer de rythme et de casser les habitudes.
Les œuvres abstraites plaisent tellement aux artistes qu'ils ne les oublient jamais. Ils les emportent, fiers de les montrer.
Je n'ai pu en conserver que quelques-unes au caractère bien trempé :

Très assurée, l'œuvre de Joseph !
Détonnants, les rouges de Jérôme !
Plus hésitante, la peinture d'Andrée.

Jérôme

Andrée

Charline

Charline était toute menue. D'elle, on ne savait rien.

Lors de la Sainte-Catherine, quand chacun voulut réaliser un chapeau et l'orner d'un ruban sur lequel étaient dessinés des morceaux de sa propre vie, Charline ne sut que dire. Charline ne sut que faire.

La sentant désemparée, je lui suggérai de dessiner tout simplement un beau chapeau plein de couleurs. Elle commença alors à peindre avec une ferveur qui la faisait s'appliquer et hésiter devant chaque coloris. Elle partit du bas du chapeau, s'appuyant sur l'intensité du bleu. Puis elle monta de couleur en couleur jusqu'à ce qu'elle parvienne au sommet qu'elle voulait flamboyant.

Quand ce dernier fut terminé, elle s'empressa de me le montrer en me disant timidement :
– *Qu'en pensez-vous ?*
– *C'est beau,* lui répondis-je séduit. *Je vous l'achèterais bien !*
– *Mais je vous l'offre !* dit Charline ravie.

Maurice

Le thème était la Bretagne.
– *La Bretagne, ça me rappelle les marins et la mer*, me confia Maurice.
Je les lui suggérai en quelques coups de crayon encore visibles à la loupe.
Il se mit alors à peindre à grands traits. Cependant, il s'arrêtait souvent comme pour méditer.
Au bout d'un moment, Maurice me souffla :
– *Regardez, il retrouve sa femme.*
Il n'a pas pu terminer sa peinture, mais l'essentiel est dit de cette étrange rencontre entre un homme qui revient de loin et une femme qui l'attend…

« La personne humaine apparaît quand elle entre en relation avec d'autres personnes. »

Martin Buber

Madame Eugénie

Le chat de madame Eugénie a, lui aussi, une histoire.
– *J'aimerais bien qu'il me regarde !* dit-elle après qu'elle eut fini de le peindre de profil.
– *Comment je peux faire pour qu'il me regarde ?*
– *Mettez-lui deux yeux !*
C'est ce qu'elle fit en riant.
– *J'aurais dû savoir !*

27

Juliette

Juliette, malgré son grand âge, était restée une petite fille romantique, enfoncée dans un fauteuil roulant trop grand pour elle.
La première fois qu'elle me vit, sachant que nous allions peindre ensemble, elle me demanda :
– *Qu'est-ce que vous allez me dessiner ?*
– *Cela dépend de votre envie. Mais ce n'est pas moi qui peins, c'est vous.*
Elle ne m'a pas demandé de lui dessiner un mouton, comme l'avait fait le petit prince, mais « *un cheval qui galope, crinière au vent !* »
Et après le cheval, elle désira un prince le chevauchant, puis un château dans lequel une très belle princesse était tenue prisonnière…
À chaque atelier, l'histoire se poursuivait pleine d'imprévus et de rebondissements.
Mais Juliette tenait toujours à commencer avec « *le cheval à la crinière et la queue flottant au vent…* » et à chaque fois, elle précisait « *légères, légères…* ».
Ainsi s'écoulèrent les semaines et passèrent les mois. « *Et si de votre belle histoire, on faisait une bande dessinée ?* » lui proposai-je un jour. « *Vous croyez ?* » dit-elle avec un grand sourire. « *Pourquoi pas ?* »
La fois suivante, elle avait tout oublié de ma proposition… Pour la stimuler, je lui renouvelai ma suggestion :
– *Alors notre cheval… ?*
– *Non, aujourd'hui je voudrais des fleurs, mais légères, légères…*
La semaine suivante, Juliette n'était plus là… « *Elle nous a quittés* » me dirent les soignantes encore émues.
Elle était partie légère, légère comme ces *fleurs* qu'elle m'avait laissées.

Louis

Louis était encore assez jeune. Il venait une fois par semaine à l'hôpital de jour. Après les soins, il déambulait d'un pas rapide dans le couloir, comme absent, pire, « transparent ». Que voyait-il ? Que pensait-il ? Nul ne le savait. Il passait régulièrement devant l'atelier de peinture aux portes largement ouvertes. Un jour, il s'arrête, regarde…

L'animatrice l'invita à entrer ; mais tournant la tête, il repartit dans son incessante marche. Puis il revint et s'assit sur une chaise restée libre. L'animatrice étonnée me le confia d'un clin d'œil. Je me sentis alors responsable de lui comme on pouvait l'être d'un oiseau apeuré, prêt à s'envoler au moindre bruit, au moindre geste.

– *Voulez-vous dessiner ?* lui demandai-je en lui offrant une feuille de papier légèrement colorée.

Je crus alors entendre le mot « *arbre* ». Il est vrai que dehors les arbres du parc étaient revêtus de leur merveilleuse couleur automnale. Je lui esquissai donc le contour d'un peuplier, l'arbre le plus facile à dessiner et lui appris aussi le geste le plus simple : poser le pinceau sur la crotte de couleur, puis sur la feuille à l'endroit où était tracé le contour de l'arbre.

Je l'habituais doucement à passer d'une couleur à l'autre. Cela semblait lui convenir. Il ne cherchait pas à fuir. Il restait devant sa feuille, calme et silencieux, mais choisissant avec soin des rouges et des bleus… Combien de temps s'était-il écoulé ? Je ne le sais plus. Mais lorsque je vis qu'il avait terminé le premier peuplier, je lui en dessinai un autre plus petit. Je sentais pourtant qu'il commençait à « fatiguer ».

Comme je le demande à tous les participants, je l'invitai alors à signer. Il le fit d'une étonnante façon puis il partit, refusant d'emporter son œuvre.

La semaine suivante, il déambulait de nouveau dans le couloir, absent et transparent.

Il ne nous regarda plus jamais.

« *Ce matin-là, tu as eu de la chance. Il avait ouvert sa lucarne* » m'expliqua un médecin.

L'Atelier de l'Arbre à mains

François Arnold

Mon engagement dans l'art et par l'art est né d'une double conviction qui, peu à peu, m'est devenue certitude :
– Les personnes en perte de repères et de liens sont particulièrement sensibles à la beauté. L'approche du beau, quand il leur est permis, leur donne des forces, une impression de bien-être et même des mots… Je l'ai expérimenté avec les « gens de la rue » redevenus pour un temps capables d'exprimer leur émotion.
– L'artiste puise dans le tâtonnement, l'émerveillement, le non-conformisme, parfois même la déraison des « nourritures spirituelles » qui le transforment et donnent une autre dimension à sa vision du beau et à son œuvre.
Souvent, il reçoit bien plus qu'il n'apporte.

J'ai d'abord beaucoup travaillé avec des hommes et des femmes meurtris par la vie : jeunes chômeurs, anciens détenus, personnes vivant dans la rue ou au contraire apparemment insérées dans notre société, mais confrontées à de tragiques solitudes aux diverses racines. D'eux, j'ai appris la manière d'approcher quelqu'un qui pense ne plus rien avoir à dire, à faire, à partager, en un mot à vivre avec d'autres.
Ainsi, j'ai découvert, au fil des années, qu'un support de bois était moins paniquant qu'une feuille de papier, que la qualité et la taille des pinceaux avaient de l'importance, qu'il était bon de retirer le noir de la palette…
Ces choix, apparemment accessoires – et bien d'autres encore – m'ont semblé peu à peu essentiels pour donner confiance et calmer l'angoisse.

En 1993, à l'occasion d'un changement de vie, j'ai découvert les personnes très âgées et dépendantes et aussi celles atteintes de la maladie d'Alzheimer vivant au sein d'un hôpital gériatrique. Je ne connaissais rien aux problématiques de la gériatrie. Je n'avais jamais rencontré de grands vieillards confinés derrière les murs d'une institution.
Ce fut un choc !

Aussi, lorsqu'il me fut demandé par une amie hospitalière de créer un atelier de peinture au sein de l'hôpital où elle exerçait, de nombreuses questions m'assaillirent.
Après mûres réflexions, j'acceptai de rencontrer des animateurs, Chantal et Robert, qui m'apportèrent leur confiance et leurs compétences pour rendre possible le projet.

Après quinze ans de fonctionnement, je réalise que l'enthousiasme du début n'a jamais faibli et que l'atelier de l'hôpital Georges-Clemenceau est un espace privilégié favorisant la naissance de vrais créateurs.

La pédagogie développée précédemment y reste la même, plus affinée peut-être, car, pour ne prendre qu'un exemple, le support de bois ne peut convenir à des mains fragiles souvent noueuses et tremblantes.

L'ambiance de l'atelier est aussi animée et chaleureuse qu'avec de jeunes artistes. Les personnes âgées sont même souvent plus spontanées, plus enthousiastes, plus libérées.

Ma rencontre avec ces artistes, marqués par la vie et souvent au terme de celle-ci, m'a fait comprendre que notre présence – je dirais *toute présence* – doit être attentive, affectueuse, pleine de tendresse.

De délicieuses anecdotes illustrent cette manière de voir.

J'ai pris l'habitude, pour être à la hauteur des personnes en fauteuil roulant, de me mettre à genoux à côté d'elles plutôt que de me pencher sur elles… Et c'est bien meilleur pour le dos de l'animateur ! De ce fait, un jour, une très vénérable vieille dame me regarde avec étonnement et me dit avec un ravissant sourire :

– *Il m'aura fallu attendre mon vieil âge pour qu'un homme se mette enfin à mes genoux !*

Il m'arrive aussi, lorsqu'il s'agit de personnes très perturbées, de me mettre derrière elles en les entourant de mes bras pour guider leur main malhabile. En quelques instants, je les sens se calmer et reprendre assurance et confiance.

J'ai découvert encore combien un baiser peut être important pour des personnes qui manquent le plus souvent d'affection.

Un jour, j'embrasse une des animatrices pour lui dire au revoir et au même moment, je sens derrière moi une petite main tirer ma veste :

– *Et nous alors ? On n'a pas le droit aussi à un baiser ?*
– *Je n'aurais jamais osé,* lui répondis-je.
– *Mais osez, osez, ça nous fait tellement de bien !*

Il m'a souvent été confié par l'un ou l'autre des artistes, que l'atelier de peinture était un lieu de bonheur où l'on avait envie de revenir.

Pourtant, chaque semaine une place se libère sans qu'on l'ait voulu. Un ami est parti. Une amie ne reviendra plus jamais, laissant parfois son œuvre inachevée.

La mort est passée.

Mais chaque coup de pinceau, chaque page enluminée donne l'impression de l'avoir, pour un temps, fait reculer.

Les artistes emportent leurs œuvres dans leur chambre ou chez eux quand il s'agit de malades soignés en hôpital de jour, celles figurant dans cet ouvrage m'ont été offertes ou ont été laissées à l'Atelier de l'Arbre à mains.

Beaucoup d'œuvres que vous découvrirez dans ce livre furent pour leur créateur la dernière occasion de se dire, et pour nous, les accompagnateurs, le dernier dialogue engagé avec lui.

« Rien ne devient jamais réel
tant qu'on ne l'a pas ressenti. »
John Keats

Jeanne

On peut comparer la flamme de ce tableau de Jeanne à celle d'un Van Gogh !

Simone

Le thème comme la beauté des peintures de Simone pouvaient être éphémères. Il fallait souvent l'arrêter en plein élan, surtout lorsqu'elle avait trouvé une association de formes et de couleurs inattendue. La magie qu'elle avait créée, risquait, en effet, de disparaître sous quelques coups de pinceau de trop ! Il fallait rester en état d'alerte.

C'est ainsi que j'ai pu sauver de la funeste exubérance de Simone cette étonnante *Lune rousse*. Ce titre est bien sûr le sien.

Simone était étonnée qu'on loue la qualité de ses réalisations surtout quand, lors d'une exposition, un visiteur admiratif voulait acheter l'une d'elles.

Henriette

Henriette ne peignait que sa palette, une assiette en plastique volontairement choisie pour sa légèreté. Elle transformait en ronds lumineux les petits tas de couleur que l'on y avait posés. Cette *Coupe de cerises*, œuvre insolite, aurait mérité d'ailleurs d'être encadrée. Puis un jour, Henriette s'est définitivement enfuie dans l'errance… mais en beauté.

Julien

Vous avez envie de croquer une pomme, vous la pressez dans vos mains et vous caressez voluptueusement sa rondeur satinée. Puis vous mordez à pleines dents dans sa chair blanche et délicieuse, à la saveur fleurant bon l'automne… Et si maintenant vous essayiez d'évoquer tout cela en couleurs ?

Difficile ! Et pourtant n'est-ce pas ce que racontent les étonnantes pommes de Julien ?

Irène

Comme la plupart des personnes arrivant à l'atelier, Irène n'avait jamais fait de peinture et affirmait ne jamais pouvoir tenir un pinceau. Pour l'apprivoiser, je lui proposai de remplir, selon son gré, une forme très vague mais qui de loin, donnait l'impression d'être une fleur. Elle le fit, puis satisfaite s'essaya à peindre elle-même d'autres fleurs. Se sentant fière de son ouvrage et rassurée devant le pinceau, je lui suggérai de dessiner des cercles autour d'un point en changeant de couleurs à chaque tour. Irène trouva cela si drôle qu'elle fit, à en perdre haleine, des tours, des tours et des contours. Elle revint deux semaines après n'ayant rien oublié de son précédent « succès en peinture ».
– *Aujourd'hui, j'aimerais faire des papillons !* me dit-elle d'un ton assuré.
J'en esquissai un, puis deux, puis trois, puis quatre. Elle les fit naître tout doucement en harmonisant les couleurs.
À la fin, elle les entoura de petits points bleus, affirmant avec fierté :
– *Maintenant ils volent.*

Georges

Georges, tout en rondeur physique et morale, était un séducteur. Pourtant, il ne faisait et ne disait rien de particulier à ses voisins et encore moins à ses voisines qui, cependant, se seraient disputées pour être à ses côtés.
Il souriait tout le temps d'un sourire radieux. Ces vieilles amies, et les autres aussi, lui racontaient leurs peines et leurs misères. Il les apaisait en opinant de la tête et en disant avec un sourire : « *Ah oui ?* », « *En effet !* »
Son bouquet ne lui ressemble-t-il pas ?

Cyrilla

Le bouquet des îles de Cyrilla.

Cyrilla venait d'une île lointaine des Caraïbes.
Elle était d'un noir d'ébène qui la rendait belle, très belle.
En elle battaient les rythmes de l'art africain, et cela se voit dans ce bouquet, qui est sa première œuvre.
Ce style ne fera que se confirmer au fur et à mesure des compositions qu'elle fera naître.

Albert

Au fil du temps passé à l'atelier, les peintres affinent leur style, leur personnalité s'affirme. Cela est si vrai que, lors de la sélection des œuvres destinées à une exposition, il nous arrive même de dire spontanément :
– *Pour ce tableau, pas la peine de chercher le nom, c'est « un Lepoutreur ! »*
Regardez, par exemple, ce melon, style Tonazini, vous n'y trouverez aucun aplat… Albert, son auteur, les déteste ! Vous y découvrirez, en revanche, une construction toute en lignes… des lignes tracées avec soin par un peintre heureux qui ne cesse de chantonner au grand énervement de ses voisins d'atelier !

Madame Louise

La joie du geste.
Pour chaque grain de raisin de madame Louise, il a fallu stimuler l'artiste handicapée.
Elle parvint par un extraordinaire effort à dominer cette main qui ne voulait plus faire ce qu'elle lui commandait ! Le résultat fut tel qu'il provoqua le plus radieux des sourires.
– *Gardez-le,* dit-elle, *c'est un souvenir.*

Monsieur Charles

Toujours sur le même thème de la coupe de fruits, l'étonnante interprétation de monsieur Charles.
Cet ancien pilote d'Air France n'avait pu participer à l'atelier qu'à deux reprises, avant de s'envoler définitivement vers un ailleurs.

Rachel

Un matin, une soignante amena Rachel toute triste.
– *Ce n'est pas la forme !* me confia-t-elle.
Pourtant, c'était le printemps et chacun s'apprêtait à faire fleurir une branche morte que j'avais sommairement tracée sur chaque feuille. Au bout d'un petit moment, je passai derrière Rachel. Elle tournait et retournait son pinceau, comme si elle voulait s'enfermer dans une sorte de tache brune dont elle couvrait peu à peu sa palette et qui virait désespérément au noir.
Quand je la vis commencer à appliquer sur sa feuille ce triste mélange, je l'arrêtai.
Elle me regarda alors tristement et me dit :
– *Jamais mon bâton ne fleurira !*
– *Mais si, mais si !* lui affirmai-je, cherchant une parade à sa désespérance.
L'idée me vint de laver sa palette, de remplacer la mixture noirâtre remplissant son gobelet par de l'eau claire et de nettoyer son pinceau.
– *Quelle couleur préférez-vous ce matin ?* l'interrogeai-je doucement.
– *Le rouge !* me répondit-elle.
– *Alors on va mettre le feu à votre « bâton », puis on verra !*
Un moment passa et je revins vers Rachel.
Elle avait sur ses lèvres un sourire retrouvé. Et me montrant avec malice sa peinture, elle me dit :
– *Mon bâton a fleuri et moi je me sens mieux !*

Simone

Cette magnifique composition en rouge et vert vous évoque assurément de beaux poissons des fonds marins. Et pourtant, vous vous trompez ! Simone avait la magie de ses titres. Et grâce à ce don, elle entraînait les participants de chaque atelier dans des espaces interstellaires et ce voyage les remplissait de joie.
Ce fut le délire lorsqu'elle les emmena vers les *Étoiles affamées et affamantes*, titre de cette œuvre. Magique.

Simone

Étrange Simone qui signait toujours : « Philippe et Simone. »

Elle était une fidèle de l'atelier dans lequel elle ressentait une grande joie. Elle couvrait les feuilles de traits rapides. Et son coup de pinceau était si énergique que, pour elle, il fallut remplacer les fragiles « petits-gris » par des brosses en pur porc.

Quant aux feuilles, elles étaient trop étroites pour contenir ses élans. Aussi, les dessins reproduits dans cet ouvrage peuvent paraître tronqués. Pas du tout ! En fait, les parties disparues sont simplement celles peintes sur la table !

C'est ce qui est arrivé à *L'Inconnu des sphères* dont il n'est resté que le tiers de l'œuvre. Ne vous étonnez pas non plus de ce titre étrange. Il est de Simone qui avait aussi l'art des titres !

« Aucun être humain n'est une île, entier à lui seul, tout être humain est une partie du continent. »

John Donne

Rachel

Rachel était pied-noir, et son sourire reflétait le soleil du pays.
Un jour où la mer avait été choisie pour thème, elle traversa la sienne en pensée, sa mer à elle… la Méditerranée. En me montrant son dessin, elle me dit doucement :
– *Regardez, c'est mon village… mon village de là-bas.*

Odette

Odette avait la passion des paysages.

Il suffisait de lui tracer quelques horizontales, quelques verticales et encore mieux une courbe, facilement transformable en un chemin ou en un pont, pour qu'elle parte en voyage dans le paysage où déjà l'entraînait son imagination.

Pendant la durée de la séance à l'atelier, elle restait silencieuse devant sa peinture, traçant des traits et des lignes à peine visibles. Quand je passais près d'elle, elle semblait ne pas me voir. Mais le sourire qui éclairait son visage m'en disait long sur son bonheur.

– *Je terminerai la prochaine fois*, me lançait-elle en guise d'un au revoir lorsqu'on venait la chercher.

Elle avait, en effet, besoin de plusieurs mardis pour parachever son œuvre, tant elle recherchait la perfection. Il fallait d'ailleurs l'arrêter dans sa quête, et pour cela lui affirmer que l'ensemble était parfait.

Je découvris, au fur et à mesure de l'évolution de sa maladie, que ses traits de pinceau devenaient de plus en plus légers.

Puis arriva le temps où elle se levait au bout d'une demi-heure pour partir errer dans le couloir. Elle revenait un petit moment après, se comportant comme si entre-temps s'était écoulée une semaine. Un jour, elle ne revint plus, nous laissant cette peinture. Elle y avait travaillé des heures et des heures, appliquée, souriante, joyeuse !

Je l'ai intitulée *Le Dufy d'Odette*.

Penser le manque

Jean Claude Ameisen

> *Penser, c'est toujours apprendre à penser le manque*
> *qu'est aussi la pensée, et, parlant,*
> *à préserver ce manque en l'amenant à la parole.*
> Maurice Blanchot

Les plaintes de la souffrance sont à l'origine du langage disait Raymond Queneau. C'est un langage d'avant les langues, auquel manque les mots. Et dont l'écho persiste aux marges des mots, dans l'ébauche d'un geste, dans l'effroi d'un regard. Dans le cri et les pleurs d'un enfant qui ne sait pas encore parler. Quelque chose d'ancien et d'originel traverse la plainte. Quelque chose qui nous bouleverse. Mais le repli sur soi, le regard qui se fige et semble plonger dans le vide, le silence… le silence aussi peut être un appel. Appel à une présence. À une parole. À un geste. Appel de celui qui ne sait plus appeler. Ou qui a cessé d'appeler parce qu'on a cessé de lui répondre.

Des philosophes ont nommé théorie de l'esprit cette capacité que nous avons d'intérioriser les intentions et les émotions de l'autre, de nous approprier, en le vivant, en le ressentant dans le langage de nos émotions et de notre raison, ce qu'il y a de plus intime, de plus singulier, et *a priori* de plus incommunicable, la vie intérieure de l'autre. Et les neurosciences ont commencé à identifier l'un des supports biologiques de cette capacité de partage : des réseaux de cellules nerveuses dans notre cerveau, *les neurones miroirs*, qui nous permettent de mimer, de vivre, en nous, ce dont nous ne percevons chez l'autre que le reflet.

Se vivre *soi-même comme un autre*, disait Paul Ricœur, … comme tous les autres. Voir en *l'autre, nous-même comme l'Étranger*, disait l'écrivain Nigérian Ben Okri, … comme tous les étrangers. *Nous-mêmes, derrière nous-mêmes cachés…* dont la poétesse Emily Dickinson ressentait la présence, toujours à découvrir, toujours à reconnaître, toujours à réinventer. Comme un manque, en nous, de la part de nous qui est dans tous les autres. Comme un manque, dans tous les autres, de la part d'eux qui est en nous.

Rien ne devient jamais réel tant qu'on ne l'a pas ressenti disait John Keats. Ressentir, c'est tenter de faire entrer la vie intérieure de l'autre dans la réalité, dans notre réalité. C'est reconnaître l'Autre comme sujet. Aller vers lui. Et c'est cette reconnaissance qui tisse, depuis nos origines, la trame de notre commune humanité.

Mais il manque à cette trame des pans entiers.

Tu aimeras l'Étranger comme toi-même, nous dit le Lévitique, *car vous avez été Étrangers au pays d'Égypte.* Tu partageras avec l'Étranger ce dont, en d'autres, tu as connu le manque, avant même d'être né. Nous nous souviendrons que nous avons tous été, un jour, Étranger dans un pays où nous étions prisonnier, exclu, abandonné.

Mais quand ce pays est le pays de la mémoire qui s'efface, le pays du grand âge, le pays de la maladie d'Alzheimer, comment se souvenir que l'on a été Étranger au pays de l'oubli ? Et quand ce pays est le pays de la fin de la vie, que nous ne connaîtrons qu'une seule fois, pour la première et la dernière fois ? Comment voir, vivre, ressentir le monde comme l'Autre, si la façon dont il le voit, le ressent, vit le monde, vit le temps – ce flux d'une présence toujours renouvelée du passé dans un présent changeant – n'est pas la même que celle que nous vivons ? Comment nous souvenir que nous avons été Étranger dans un pays que nous n'avons jamais connu et dont personne n'est revenu pour nous dire ce qu'il y avait vécu ?

Et comment me vivre *moi-même comme un autre* quand cet autre m'a oublié ? Comment me vivre moi-même comme celui qui ne me reconnaît plus ? Comment me mettre à la place de celui qui me regarde et qui m'écoute et qui ne sait plus qui je suis ?

Il faut prendre le risque d'oublier un instant qui je suis, pour pouvoir plonger mon regard dans le regard de l'Autre. Prendre le risque de me perdre, pour pouvoir le rencontrer. Et me retrouver. Il me faut dire *Tu* pour découvrir en lui ce *Je* qui me dira *Tu* et qui n'a jamais cessé d'exister, mais qui s'est peu à peu effacé sous le regard de ceux qui ne disent plus que *il* ou *elle*. Ce *Je* qui me dira *Tu* sans savoir qui je suis. Ce *Je* qui me révélera à quel point *Je est un Autre*.

Aller vers l'autre. À la rencontre de l'autre. Ne pas l'abandonner. Lui permettre d'apparaître.

Et François, avec sa grande bonté, nous révèle à quel point ce qui nous paraît être de l'ordre de l'impossible peut devenir réalité : il suffit d'ouvrir son cœur, de laisser parler son cœur et d'aller à la rencontre de la personne. Sans préjugé, sans craindre de se perdre, en lui parlant comme si elle allait comprendre, comme si le dialogue ne pouvait que s'engager. Et le dialogue peut s'engager. Il suffit d'être joyeux et la joie peut s'installer. Il suffit de lui proposer de peindre et la personne peut devenir peintre. Il suffit de croire que c'est possible pour que cela puisse devenir réalité – l'échange, le langage, la joie, la création… et la mémoire.

Car la mémoire qui s'efface n'est pas le blanc de l'oubli. Et la mémoire qui s'efface n'est pas la perte de l'identité.

Toute vie intérieure est un *Je* en attente d'un *Tu*. Et nous avons tous été, avant de naître et après notre naissance, un *Je* qui ne savait pas dire *Je* et qui était en attente de quelqu'un qui nous dirait *Tu*. Sans mémoire de ce qui nous attendait. Sans mémoire, aujourd'hui, de ce qui nous est alors advenu. La découverte du monde. La première relation. Nous avons fait nôtre le premier sourire ; nôtre, le langage ; nôtre, la marche… Chacune de ces traces profondément gravées en nous, nous ne gardons aucun souvenir du temps où elles se sont inscrites, ni de la façon dont elles se sont inscrites. Et cet oubli profond ne change rien au fait qu'il s'agissait de nous, et qu'il s'agit toujours de nous. Au cœur de cet oubli, cette mémoire vit en nous et nous permet de vivre.

Et cette mémoire, si elle s'efface ou s'interrompt, s'égare ou se perd en chemin, cette mémoire, si elle est morcelée et fragmentée, n'en est pas moins présente.

La Bretagne… ça me rappelle les marins et la mer, murmure Maurice… Rachel montre le tableau qu'elle vient de terminer et dit doucement *Regardez, c'est mon village de là-bas*, son pays natal au-delà de la Méditerranée… Simone signe chacune de ses œuvres de son nom et du nom de son mari disparu depuis longtemps… Et la joie et la fierté, l'étonnement devant le tableau achevé. Cette fierté ou cet étonnement qui dit que le peintre sait, se souvient, pendant un temps au moins, qu'il a peint le tableau. Et qu'il sait ce qu'il y a dans le tableau.

Éclats de lumière, éclats de mémoire qui disent les souvenirs et la capacité de se souvenir. Et s'ils sont fragmentés, altérés, modifiés, parcellaires, ils demeurent là, présents. Et ils se recomposent à partir de fragments d'expériences nouvelles.

> *Le temps est un fleuve qui m'emporte, mais je suis le fleuve.*
> Jorge Luis Borges

Qu'est-ce que la mémoire ? Qu'est-ce que cette capacité étrange à convoquer en soi le passé ? Qu'est-ce que ce phénomène mystérieux qui déforme en permanence la perception de la réalité que nous renvoient nos sens en l'enrichissant en permanence du retour en nous de ce que nous avons vécu auparavant et qui a disparu ? Ce phénomène qui nous permet sans cesse de nous adapter, de devenir autre et de répondre différemment à une situation semblable à celles que nous avons déjà vécues ? Qui nous permet de re-connaître, de connaître à nouveau, de revisiter différemment ce qui nous est devenu familier parce que nous en avons déjà fait l'expérience ?

Notre mémoire fait sans cesse entrer en résonance ce que nous avons été et ce que nous sommes devenus. Elle est à la fois l'empreinte que nous conservons en nous du passé et la modification que cette empreinte a provoquée en nous, et qu'elle provoquera un jour de nouveau, lorsque nous nous souviendrons.

Mais combien de formes différentes de mémoire peuvent s'inscrire et surgir en nous ? Combien de formes différentes peuvent coexister en nous ? Il y a la mémoire à court terme qui s'efface rapidement, et la mémoire à long terme qui persiste longtemps, parfois durant toute la vie. La mémoire consciente, celle des faits et des symboles, que nous pouvons non seulement convoquer en nous mais aussi décrire, et la mémoire implicite, procédurale, dont nous avons oublié l'apprentissage et qui nous permet de parler notre langue, d'écrire, de nager, ou de faire de la bicyclette. D'autres formes plus étranges de mémoires ont été mises en évidence par des expériences scientifiques récentes. Il y a celles qui n'émergent jamais à la conscience, et peuvent pourtant influer sur notre comportement ou nos activités mentales abstraites, comme la mémoire de chiffres que nous ne voyons que pendant une fraction de seconde, de façon subliminale, et qui s'inscrit en nous sans que nous réalisions que nous les avons perçus. Il y a la mémoire qui résulte d'un apprentissage de l'oubli – la mémoire de ne pas se souvenir. Il y en a d'autres encore qui émergent de récits ou de suggestions qui nous incluent dans des événements que nous n'avons pas vécus, et qui peuvent se transformer progressivement en souvenirs inventés de ce qui nous serait advenu. Des expériences récentes suggèrent que la mémorisation implique une recomposition des réseaux de connexion entre les cellules nerveuses, et peut-être aussi la production de cellules nerveuses nouvelles. Le cerveau d'une personne qui inscrit en elle la trace d'une expérience est un cerveau qui se transforme en inscrivant cette trace. Et si le surgissement dans l'avenir de notre mémoire nous rendra autre, la condition même de l'inscription de la mémoire pourrait être de nous transformer, de nous rendre autre, sans même que nous le ressentions, au moment même où nous l'inscrivons en nous.

Se souvenir implique une réelle opération de recomposition, à partir de la mobilisation de traces discrètes, fragmentaires, morcelées, réparties dans de multiples groupes de cellules nerveuses dispersés à travers notre cerveau. Et ainsi notre mémoire se tisse en nous en mailles distantes qui surgiront soudain en nous donnant l'illusion de la restitution exacte d'un tissu entier, d'un événement d'un seul tenant. Ce que nous appelons un souvenir est une reconstruction complexe, qui n'est jamais neutre, mais surgit toujours coloré par les émotions que nous avons ressenties en l'inscrivant en nous. Et les souvenirs risquent de disparaître à chaque fois que nous les évoquons. Les mécanismes, les régions et les chemins dans notre cerveau qui permettent l'inscription première de la mémoire ne sont pas les mêmes que ceux qui réinscrivent dans la mémoire les souvenirs que nous venons d'évoquer : revivre ses souvenirs, c'est augmenter la probabilité de les oublier, de les transformer, ou de les remplacer par de nouveaux souvenirs.

Les souvenirs ne s'impriment pas en nous de manière égale, monotone, et régulière : leur acuité, leur richesse, leur rythme, leur permanence, leur stabilité, et notre capacité à les évoquer de manière consciente varient en fonction de l'intensité et de la nature des émotions qui ont accompagné les expériences que nous avons vécues.

Notre mémoire n'est pas un simple processus d'enregistrement neutre de la réalité. Et reconnaître à la mémoire cette richesse, cette puissance et cette plasticité, c'est aussi reconnaître sa discontinuité, sa labilité et sa fragilité. Seule une petite part de ce qui s'inscrit en nous émergera un jour sous forme de mémoire consciente. Et une absence d'émergence de la mémoire à la conscience – ou à la parole – ne signifie pas obligatoirement une absence de souvenir, ni une absence d'influence sur les émotions ou les comportements de ces souvenirs qui ne peuvent être sus ou dits. Il y a tant et tant de façons d'inscrire en nous et de revivre ce qui nous advient.

François dit qu'il n'est pas un *art-thérapeute*. Ce qu'il offre à la personne, c'est la possibilité d'une rencontre, d'une relation, d'un lien, d'une création.

Mais permettre à la personne malade ou handicapée de s'ouvrir à la vie et aux autres, n'est-ce pas déjà la soigner ?

Soigner. Prendre soin.

Dans la langue anglaise, soigner se dit *to care* et signifie à la fois le fait de soigner et le fait d'attacher de l'importance à la personne. Soigner n'est pas forcément guérir. Dans la langue anglaise, guérir se dit *to cure*. Le soin n'est pas forcément une thérapie. Et en ce sens, François a raison. Son Atelier n'est pas un atelier d'art-thérapie. Mais son atelier d'art est aussi un atelier de soin, au sens le plus noble du terme : attacher de l'importance à la personne, l'aider à s'exprimer, tenter de lui faire ressentir de la joie.

Permettre à la personne de vivre *avec* sa maladie, de vivre *avec* son handicap, le mieux possible, le plus pleinement possible, avec le moins de souffrance possible, est devenu, quand la guérison ne peut-être atteinte, l'une des missions essentielles de la médecine moderne. L'Organisation mondiale de la santé a donné une définition de la santé qui n'est pas l'absence de maladie ou de handicap, mais « un état de bien-être physique, mental et social ». Et dans un tel contexte, apporter du bien-être, c'est apporter de la santé à celle ou à celui qui en manque.

Mais il se pourrait que la frontière entre ce qui relève de la thérapie ou de la prévention, et ce qui relève du bien-être soit encore plus floue.

> *L'intérieur et l'extérieur s'interpénètrent en permanence*
> *et chaque organisme vivant est à la fois le lieu,*
> *le produit et l'acteur de ces interactions.*
> Richard Lewontin

Depuis cinq ans, des résultats surprenants ont été obtenus par une série d'expériences scientifiques réalisées non pas chez l'être humain, mais chez un petit animal dont les capacités relationnelles et les comportements sont beaucoup plus simples que les nôtres. Ces résultats ont été obtenus chez des souris chez qui l'on provoque différentes maladies neurodégénératives, soit en modifiant un des gènes de l'animal, soit en introduisant des gènes humains en cause dans certaines maladies neurodégénératives humaines, soit en injectant à l'animal des substances toxiques pour certaines régions de son cerveau. Parce que ces souris sont génétiquement identiques, lorsqu'on les place dans un même environnement, la maladie se développe chez toutes les souris de manière très semblable et dans les mêmes délais. Dans l'environnement habituel d'une animalerie de laboratoire, la maladie survient rapidement. En revanche, quand on enrichit cet environnement, en introduisant par exemple dans la cage une roue, ce qui permet l'activité physique, et en plaçant la nourriture dans un labyrinthe, ce qui stimule la mémoire de la souris, la maladie et la mort surviennent beaucoup plus tard ou ne surviennent pas. Ainsi, alors que des lésions ont été créées dans le cerveau, la présence d'un environnement qui stimule l'activité physique et mentale a pour effet de prévenir ou de ralentir le développement des manifestations de la maladie. Et en l'absence même de toute induction de lésions, placer des souris âgées dans un tel environnement enrichi leur permet de récupérer des capacités de mémorisation semblables à celles de souris plus jeunes.

L'extérieur compte le plus souvent autant que l'intérieur. Et l'organisme se construit, se recompose et émerge de l'interface entre le dedans et le dehors.

Qu'en est-il chez l'être humain ? Nous n'en savons rien. Mais ces recherches fascinantes nous révèlent l'importance qu'il peut y avoir à ne pas nous focaliser exclusivement sur ce que nous pouvons détecter à l'intérieur du cerveau et du corps. L'environnement et les interactions de la personne avec son environnement ont aussi de l'importance. La manière dont nous engageons nos relations à l'autre, la manière dont nous lui permettons de s'ouvrir au monde et à ceux qui l'entourent pourraient avoir non seulement pour conséquence de soulager la souffrance et apporter du bien-être, mais aussi de modifier le développement et la progression de la maladie. Et inversement, réduire ou cesser la relation avec la personne malade parce qu'on la pense devenue incapable de relation pourrait se révéler être une prophétie auto-réalisatrice, par laquelle ce que l'on croit être une réponse appropriée à l'analyse « objective » de l'état de la personne pourrait conduire à une aggravation de son état.

La personne humaine apparaît quand elle entre en relation avec d'autres personnes disait Martin Buber. Et elle disparaît et s'efface quand cette relation disparaît.

Ne pas couper les liens avec la personne âgée vulnérable. Ne pas appauvrir son environnement. Lui permettre de vivre au mieux parmi les autres, avec les autres.

La personne est toujours en train de se reconstruire. Elle est toujours plus que son handicap.

La dignité humaine ne se mesure pas : elle est dans l'esprit de celui qui la reconnaît. En inventer l'existence, comme une évidence, en creux, qui attend d'être comblée, puis combler ce manque, est la condition même de son émergence. Refuser de reconnaître la dignité tant qu'elle n'a pas fait la preuve – quelle preuve ? – de son existence première, c'est décider d'en priver la personne. C'est continuer à tracer ces frontières toujours nouvelles qui se déplacent sans cesse sans jamais s'effacer depuis l'aube de l'humanité : les frontières entre *nous* et *les autres*. Ces frontières qui séparent les territoires en pleine lumière où se déploient la dignité, la liberté, l'égalité et la solidarité de ceux qui disent *nous*, et les immenses zones d'ombre qui engloutissent *les autres* dans le silence, l'indifférence et l'oubli. Ces frontières qui retranchent *les autres* de notre commune humanité. Qui font sans cesse disparaître notre commune humanité.

Les recherches dans le domaine des neurosciences ouvrent depuis quelques années des perspectives radicalement nouvelles. Il faut développer ces recherches, avec l'espoir qu'un jour peut-être leurs promesses se réalisent. Mais il faut aussi essayer de mettre en place dès aujourd'hui les conditions d'un véritable changement de culture, d'une profonde transformation de nos mentalités et de nos comportements pour permettre l'accompagnement, l'accès aux droits fondamentaux et l'insertion sociale des personnes les plus vulnérables.

Dans les pays riches, l'espérance moyenne de vie augmente. Et sans que nous en ayons toujours conscience, le vieillissement change de rythme. La durée de la période de jeunesse s'allonge, et la plupart des signes du vieillissement sont retardés. Sur des photographies datant d'un demi-siècle, des personnes de soixante ans ont l'air beaucoup plus âgées que la plupart des personnes du même âge aujourd'hui. Insensiblement, une série de signes caractéristiques du vieillissement ont été repoussés, reculés. Depuis plus d'un siècle, c'est l'espérance moyenne de vie à la naissance qui a augmenté, en raison de la diminution progressive de la mortalité infantile. Mais depuis un demi-siècle, un autre phénomène est apparu : l'augmentation de l'espérance de vie à l'âge adulte. Au Japon, aujourd'hui, une femme de soixante-cinq ans a une probabilité de vivre au-delà de l'âge de quatre-vingts ans qui est cinquante fois supérieure à ce qu'elle était en 1950. Dans ce pays, il y a un quart de siècle, il y avait mille centenaires : ils sont vingt-huit mille aujourd'hui. Et en France, ils sont quinze mille. Le nombre de centenaires augmente et la proportion de centenaires en bonne santé augmente aussi.

Mais l'augmentation de la durée de vie a aussi pour conséquence une augmentation du nombre de personnes âgées atteintes de handicaps physiques, intellectuels et mentaux.

> *La seule chose qui puisse être fatale à l'humanité, c'est de croire à la fatalité.*
> Martin Buber

Nous refusons trop souvent de voir que la manière dont nous construisons notre façon de vivre ensemble se traduit aussi en termes de souffrance et de maladies. Des études récentes réalisées en Grande-Bretagne indiquent que l'âge auquel surviennent chez des personnes âgées l'invalidité, le handicap mental ou une maladie neurodégénérative peut varier de quinze ans en fonction de facteurs économiques, sociaux et culturels qui ont commencé à exercer une influence longtemps avant, dès la jeunesse et durant l'âge adulte. Les recherches dans ce domaine sont trop rares et devraient être développées.

Et lorsqu'apparaissent la maladie et le handicap, la grande vulnérabilité conduit trop souvent à l'isolement. L'isolement d'une personne âgée est par lui-même source d'aggravation de la maladie et du handicap. Pourtant, nous avons souvent tendance dans notre pays, à considérer que le meilleur moyen d'accompagner des personnes très vulnérables est de les envoyer ailleurs, dans des institutions à l'écart de notre société, plutôt que de leur permettre de demeurer insérées dans leurs villes et dans leurs villages, au contact de leur famille et de leurs proches. Personnes âgées, dont le drame de la canicule a brutalement révélé le dénuement. Personnes âgées arrivant aux urgences et aussitôt envoyées dans des hôpitaux gériatriques éloignés de leur lieu de résidence, où leurs proches auront les plus grandes difficultés à leur rendre visite et à les entourer. Personnes âgées atteintes de maladie d'Alzheimer ou d'un autre handicap mental, isolées dans des institutions ou accompagnées par leur seule famille qui s'épuise.

Nous ne manquons pourtant pas de réponses généreuses, sous la forme de l'affirmation d'un droit, et de son inscription dans la loi, mais en oubliant souvent de nous préoccuper de l'essentiel : l'accès au droit, ce que l'on appelle aujourd'hui un « droit opposable », l'inscription de ce droit dans la réalité, sans lequel il n'y a pas de véritable droit. Et il faut espérer que la loi du 11 février 2005 pour l'égalité des droits et des chances, la participation et la citoyenneté des personnes handicapées constituera l'un des leviers qui permettront de répondre à la situation dramatique des personnes âgées touchées très souvent à la fois par des handicaps physiques, des handicaps mentaux, la précarité économique et l'isolement.

Nous ne manquons pas non plus d'initiatives généreuses, impliquant des mobilisations importantes. Mais elles sont le plus souvent focalisées et « ciblées » sur une seule composante de la vulnérabilité des personnes âgées : le plan Canicule pour protéger des grandes chaleurs en été, les trois plans Alzheimer des six dernières années, dont le plus récent vient d'être mis en place…

Pourtant, aussi louables et essentielles que soient ces initiatives, elles traduisent chacune par défaut ce qui leur manque : une vision, une approche et une volonté globales d'accompagnement et d'insertion des personnes les plus vulnérables au cœur de notre société.

Chacune de ces initiatives a pour inconvénient de se heurter à des blocages culturels généraux qui en réduisent la portée, de laisser toujours dans l'ombre des formes de souffrances dramatiques qui n'ont pas été définies comme prioritaires, et de conduire à une compétition entre différentes formes de souffrances qui veulent chacune à juste titre être reconnues comme prioritaires.

L'expérience récente de la Suède dans ce domaine est exemplaire.

C'est en commençant par développer un changement culturel, une approche globale, centrée sur le respect des droits fondamentaux et de la dignité de chaque personne souffrant d'un handicap mental, intellectuel, affectant les capacités relationnelles ou les comportements, quelle que soit l'origine du handicap et quel que soit l'âge de la personne, qu'a pu être mis en place un accompagnement adapté aux spécificités de chaque handicap.

Ce que la Suède a développé depuis plus de dix ans, c'est une politique intitulée *Included in society – inclus dans la société*. Cette politique a consisté en particulier à considérer que placer une personne atteinte de handicap dans une institution, c'était lui dénier ses droits civiques fondamentaux. Et la Suède a décidé de fermer ces institutions. Toutes les personnes adultes atteintes de handicap mental, qu'elles soient jeunes ou âgées, vivent aujourd'hui à quatre ou six personnes dans des appartements ou de petites maisons, en présence d'accompagnateurs formés, dans leurs villes ou leurs villages, au contact de leurs proches.

Et des études ont montré que le coût économique de cette forme d'accompagnement au cœur de la société n'est pas plus important que le coût d'un placement dans une institution.

Il ne s'agit donc pas d'un choix fondé sur des contraintes économiques, mais d'un véritable choix de société.

Ce qui est en question, c'est ce qui manque à notre façon d'accompagner les personnes les plus vulnérables. Ce qui manque à notre solidarité.

Ce qui manque ne peut être compté, dit L'Ecclésiaste. Mais ce qui manque peut être pensé. Et nous devons tenter de le combler. Avec la certitude de ne jamais pleinement y parvenir. Mais avec la volonté de ne jamais y renoncer.

Aucun être humain n'est une île, entier à lui seul, écrivait John Donne, *tout être humain est une partie du continent.* Il s'agit de faire en sorte qu'aucune personne ne devienne une île à la dérive, mais que chacun demeure toujours une partie du continent. De notre continent. De notre commune humanité.

Et c'est ce que fait François Arnold dans son Atelier.

Suzanne

Suzanne était réticente pour venir à l'atelier. Peindre ne lui disait rien. C'est donc dans ce contexte que s'engagea notre dialogue :
– *Jamais, je ne pourrai faire de dessin,* m'opposa-t-elle. *D'ailleurs mon époux ne serait pas content.*
– *Pas content, mais pourquoi ?* demandai-je.
– *Parce qu'il est architecte et qu'il n'aime que les choses parfaites.*
– *Mais même si l'on est architecte, on ne réalise pas tout de suite des choses parfaites. Il faut d'abord faire des essais… Et c'est ce que je vous propose.*
– *Vous croyez vraiment que je pourrai ?* me demanda-t-elle d'un air malheureux.
Je lui traçai trois formes de vases vides et lui préparai une palette.
– *Essayez de remplir les vases comme vous l'entendez et avec les couleurs que vous préférez.*
Au bout d'un certain temps, je revins vers Suzanne :
– *Et alors ?*
– *C'est bien mais pas assez lumineux,* me dit-elle en hésitant.
Je lui proposai de mettre du blanc autour des vases, ce qu'elle fit mais elle resta insatisfaite :
– *Ce n'est pas encore digne du grand architecte de l'Univers. Cela ne dit pas assez l'illumination de Dieu.*
Ainsi donc, c'était Lui son « époux ! »
Je décidai alors de dérouler un certain cérémonial : une nouvelle feuille, cette fois-ci bien blanche, de l'eau très pure, un pinceau neuf, un feutre de couleur argent pour esquisser les vases. Je sentis que Suzanne vivait avec jubilation cette entrée en religion picturale. Elle m'interrogea :
– *Mais comment peindre du blanc sur du blanc ?*
On chercha ensemble du bleu très pâle et un jaune le plus transparent possible.
Le visage illuminé, Suzanne emporta sa peinture comme une icône. Elle me laissa son premier essai que j'ai intitulé *Vers l'illumination de Dieu.*

Odile

« *Ce n'est pas un bouquet de dahlias* », répétait Odile. Pourtant, Odile admirait, elle aussi, le beau bouquet que les jardiniers avaient apporté à l'atelier. Il faut dire qu'elle était un peu perdue. C'était la première fois qu'elle participait à l'atelier. Elle ne cessait de me répéter :
– *Jamais je n'arriverai à peindre ce bouquet. Je n'ai jamais tenu un pinceau de ma vie. Mon seul art, c'est la cuisine !*
Pour l'apaiser, je lui dis :
– *Oublions les dahlias. Trempez votre pinceau dans la couleur et laissez aller votre main en pensant que vous avez le pouvoir de faire éclore des fleurs !*
Odile trouva cela si amusant qu'elle se mit à dessiner des taches avec la même ferveur sans doute que celle qu'elle avait en cuisinant.
Quand les fleurs furent posées, elle me fit une remarque :
– *Il manque le vase !*
– *Inventez-en un !* lui rétorquai-je.
Elle « inventa » alors cette sorte de solide chaudron qui, étonnamment, donne toute sa stabilité à la composition.
Désormais, pleine de confiance en elle et en son pinceau, elle déclara à la ronde :
– *Maintenant je m'attaque aux dahlias ! Puis-je avoir une deuxième feuille ?*
La deuxième peinture de sa vie fut une réussite. Bien sûr, très fière de son œuvre, elle l'emporta chez elle.

Marie

Les « plumes » comme je les nomme, entrent dans la technique des « répétitifs ». C'est une façon très simple d'approcher et de maîtriser le pinceau. Il suffit de le gorger de couleurs, si possible différentes, et de le poser sur un dessin à peine tracé.

Ici, ce sont les plumes d'un Indien. Elles ont été réalisées avec une vigueur toute guerrière par Marie lors d'un atelier préparant une exposition sur les Indiens d'Amérique.

Robert

Robert était féru de technique et il n'avait qu'une envie : peindre des voitures, des camions, des tracteurs et surtout des locomotives.

Mais souvent sa peinture évoluait, au fur et à mesure de la réalisation. Alors, naissait tout autre chose.

Un jour, il me demanda de lui esquisser « un pêcheur au bord de l'eau », un autre jour « un bateau rouge ».

Ce n'était qu'un prétexte pour faire des vagues, toujours des vagues, encore des vagues. À chaque fois, il en résultait une œuvre étonnante : le ciel et l'eau s'y mêlaient au point de se confondre et personne ne pouvait déceler où commençait l'un, où finissait l'autre !

Était-ce, d'ailleurs, le soleil qui teintait de sa couleur chaude le gris bleuté des nuages ? Robert s'arrêtait de temps en temps pour me demander si c'était bien. Je n'avais pas besoin de mentir pour lui exprimer mon admiration. C'était si beau !

José

C'était la veille de Noël.
Des anges volaient partout dans l'atelier,
des anges chantant,
jouant des instruments,
apportant des présents.
La joyeuse cohorte
qui n'a pas tardé à disparaître,
et j'ai pu retenir : *L'Ange noir* de José,
le Portugais.

Denise

Les tournesols de Denise font toujours rêver les visiteurs de nos expositions.
Ils sont la parfaite expression de ce qu'on pourrait appeler le « style Alzheimer ».
Je revois encore le bonheur qui, tel un rayon de soleil, illuminait son visage lorsqu'elle peignait son tableau, avec une attention soutenue.
Denise était si lumineuse qu'elle semblait être devenue, elle-même, un petit soleil.

« Les plaintes de la souffrance sont à l'origine du langage. »

Raymond Queneau

Jeanne

Un ange en colère.

Cet ange tracé à coups de pinceaux rageurs, ce n'est pas un doux chérubin. C'est vrai que dans le cortège céleste annonçant Noël, il a pris le rôle du « grincheux ».
Jeanne, son auteur, avait, en effet, refusé d'abord de se joindre au groupe qui l'avait entraînée, presque malgré elle, à l'atelier de peinture. Sa colère se lisait dans son regard.
Au bout d'un certain temps, sur ma douce insistance, elle finit par prendre un pinceau et le fit avec la rage qui grondait encore en elle.

Étienne

C'est une grande joie pour Étienne de peindre ce champignon que vous ne découvrirez dans aucun catalogue de mycologie.
– *Ne le mangez pas*, nous dit-il, *je ne sais pas s'il est bon.*

Lydie

Un jour, le mari de Lydie fut lui aussi hospitalisé. Il était très malade et mourut à ses côtés. Pour elle, ce fut le drame.
Elle déclina, peu à peu, restant pourtant toujours aussi fidèle à son rendez-vous de peinture.
Mais le cœur n'y était plus.
Bourrasque d'avril fut sa dernière œuvre.

Denise

Un jour, j'ai vu arriver Denise affaiblie, soutenue, presque traînée, par les deux animatrices qui étaient allées la chercher dans sa chambre.
Je m'insurgeai presque, persuadé que Denise était proche du terme de sa vie :
– *Est-ce bien prudent de l'amener à l'atelier dans cet état ?*
– *Elle y tenait !* m'affirmèrent les accompagnatrices. Et c'était vrai.
Miraculeusement, elle « ressuscita » peu à peu en peignant avec minutie ce *Papillon* d'un flamboiement si extraordinaire, qu'il n'attend plus qu'à s'envoler vers le brûlant soleil d'été.

Guy

Guy savait que sa maladie dégénérative avait tout pouvoir sur son corps et se jouait de lui comme d'une marionnette. Il me disait souvent : « *Il y a des jours "avec" et des jours "sans"*. » Ce jour fut un jour « avec ». Nous avions choisi de peindre des roses. Elles éclataient, en effet, dans le parc entourant l'atelier. Pourtant, ce n'est pas facile de dessiner ces fleurs, même pour quelqu'un n'éprouvant aucune difficulté à manier le pinceau ! Il est difficile, également, de reproduire les circonvolutions complexes et les ombres délicates de la « reine des fleurs » !

C'était la Saint-Guy et chacun, d'un mot d'amitié, lui souhaita sa fête. Détendu, il partit des quelques traits que je lui esquissai, et jouant avec sa palette composée de rouge, jaune, blanc et vert, il se lança fièrement dans l'étonnante réalisation de trois somptueuses roses.

« Le temps est un fleuve qui m'emporte, mais je suis le fleuve. »
Jorge Luis Borges

Élisabeth

Élisabeth faisait, avec les mains, des gestes désordonnés et incontrôlés. Elle s'est jetée sur le papier avec un visible plaisir et y a laissé des empreintes marquant sa volonté de vivre malgré tout.

Denise

Quelle poulette pourrait résister au coq conquérant de Denise ! Il est le dernier rescapé d'une basse-cour caquetante : canetons, poules, poussins et autres gallinacés, partis dans les cartons de leurs créateurs.

Maud

Pour Maud, le jardin évoque avant tout les feuilles.
Lors d'une séance à l'atelier, Maud me demande de lui tracer une feuille, une seulement.
Je lui en dessine deux dont elle fait un paysage en miniature qui ressemble au parc que l'on peut admirer derrière les vitres.

Postface
Lire ce livre…

Docteur Marie-France Maugourd[*]

Lire ce livre, c'est conduire une conversation avec François Arnold, au détour de la grande galerie vitrée de l'hôpital Georges-Clemenceau, où il ouvre son atelier tous les mardis. Avec son air tranquille et faussement naïf, il s'est toujours situé comme un artiste venu prodiguer ses conseils, jamais comme un soignant qui organise un atelier pour améliorer les performances, la qualité de vie, l'humeur de ceux qu'il y reçoit.

Dans cet hôpital de gériatrie sont soignés des sujets âgés dont beaucoup souffrent de la maladie d'Alzheimer ; leurs troubles du comportement peuvent être importants, rendant impossible – du moins pour un temps – la vie dans le milieu familial. Certains viennent aussi y passer la journée, pour y bénéficier de soins de rééducation.

Dans l'atelier, espace préservé, pas de relation soignant-soigné, leur hôte est un homme qui vient rencontrer d'autres hommes et des femmes sans aucun parti pris sur leur condition, acceptant celui ou celle qui franchit le seuil comme un frère ou une sœur. Ici, pas « d'évaluation », de « prise en charge », de « compensation ». Il reçoit celui qui vient pour ce qu'il est aujourd'hui avec son histoire, qu'il connaîtra peut-être au fil du temps, mais qu'il n'explorera pas, avec son handicap dont il tient compte, et sans chercher également à « compenser ».

Fondateur de l'association « L'Arbre à mains » qui gère cet atelier, François Arnold a compris dès le premier jour ce que beaucoup de professionnels ignorent encore : que la communication avec ceux qui souffrent d'altération des fonctions supérieures peut encore et toujours passer par les affects. Cet homme simple et direct irradie la bonté ; cette qualité essentielle est immédiatement perçue par les « artistes » qui viennent partager son atelier. Il sait comment s'adresser à chacun. Une fois ceux-ci installés, il éblouit ses élèves par les couleurs qu'il leur propose. François est amoureux des couleurs, de la lumière, il sait faire partager ce goût.

---

[*] Chef de service de gériatrie à l'hôpital Georges-Clemenceau – Assistance publique - Hôpitaux de Paris.

Son génie, c'est de proposer un support au moyen du graphisme très simple d'un dessin, d'une esquisse évocatrice. L'imagination de ces « artistes » est alors stimulée, le rêve peut alors commencer. La concentration dans l'atelier est incroyable, chacun sur sa feuille de dessin ; à la fin de l'heure, la joie s'exprime par les rires, les commentaires, on se passe les dessins, on les admire, on les compare. Le bonheur d'avoir pu réaliser une « œuvre » est magnifié par le présent qui en sera fait aux enfants ou petits-enfants, à l'ami ; l'auteur de l'œuvre a quelque chose à offrir, il est encore et toujours acteur de sa vie.

L'Atelier de François Arnold est au cœur de l'hôpital mais c'est un lieu distinct, un havre de paix, un creuset magique d'où l'on ressort apaisé et grandi, riche d'avoir donné de soi et riche de ses contacts. Cette expérience est unique : elle est menée par un artiste, remarquable coloriste, qui sait conseiller ses élèves dans un dépouillement du trait. L'imagination peut alors émerger.

En fait, me direz-vous, François Arnold est un praticien de l'art-thérapie, bien connue des soignants des hôpitaux psychiatriques, technique qui aide les malades mentaux à calmer leurs angoisses et à exprimer autrement leur vécu. Certes, il est possible de concevoir ainsi son travail, mais le bénéfice thérapeutique n'est pas l'intention primordiale de son action. Si les Bonnes Pratiques Cliniques ne reconnaissent pas l'art-thérapie comme une technique de support pour les patients souffrant de la maladie d'Alzheimer (insuffisance de preuves, absence d'étude scientifique…), c'est que les résultats obtenus sont beaucoup trop dépendants de la personnalité de celui qui l'exerce pour pouvoir en standardiser la pratique. Et c'est très bien ainsi ! Même s'il peut apparaître souhaitable que de telles expériences soient évaluées pour être développées, il est à craindre que l'indispensable standardisation alors nécessaire aille à l'encontre même de ce génie individuel, hors normes, inquantifiable. À l'encontre de cette richesse unique.

Pour réussir à animer un tel atelier, il faut allier à une compétence artistique indiscutable, une expérience professionnelle sérieuse, un sens pédagogique non pas livresque, mais « pratiqué », et le désir de recevoir quelque chose de ceux qui fréquentent cet espace. Car il n'est pas question ici de donner : à l'hôpital, on n'arrête pas de leur « donner des soins », « donner à manger », « donner des médicaments ». À l'atelier, ce sont eux qui donnent de leur personne, de leur imagination et qui pourront offrir leur œuvre, admirés pour ce qu'ils ont fait.

François Arnold est un être extraordinaire de compétence et de savoir-être, dont la modestie peut apparaître comme une entrave à la diffusion de sa pratique. Ce livre peut y aider. Artistes, venez nombreux voir ce qu'il fait et créez ensuite des ateliers frères, vous donnerez du bonheur à ceux qui ont en partie perdu leur autonomie !

L'Arbre à mains pourra-t-il un jour constituer un bosquet, voire une forêt ? Ce livre créera peut-être des vocations, c'est à souhaiter ardemment. Merci François.

Photo prise lors d'une séance de l'atelier de peinture de l'Arbre à mains à l'Hôpital Georges-Clemenceau
© Antoine Schneck (http://www.schneck.fr/)

Le déroulement d'une séance à l'atelier de peinture

François Arnold

Le personnel de l'hôpital accompagne à l'atelier de peinture les malades qui ont formulé le souhait d'y participer. Parfois, quand c'est la première fois, ils disent ne venir que par curiosité ou pour faire un essai.

Le déroulé

Une séance à l'atelier dure environ une heure et demie. Il est important, dans la mesure du possible, que l'œuvre entreprise soit terminée dans ce délai. En effet, la maladie provoque très souvent, chez ces personnes âgées et handicapées, des pertes de mémoire partielles ou totales qui leur font oublier ce qu'elles avaient vécu les jours précédents.

Au début de chaque séance, nous recherchons ensemble le thème que nous aurions plaisir à développer. Les pistes peuvent être les saisons, les fêtes, l'actualité, les événements marquants. Ce fil conducteur aidera, en effet, les participants à se resituer dans le « temps réel ».

Ce premier échange fait souvent remonter des souvenirs, amène à fredonner une chanson…

L'ambiance est créée, on peut se mettre au travail.

Afin d'éviter la panique de la page blanche, l'animateur trace rapidement une esquisse sur la feuille de ceux qui le souhaitent, les autres animateurs, s'il y en a, passent chez chacun et chacune pour réexpliquer, susciter des idées, déceler les éventuelles difficultés, stimuler les artistes hésitants tout en tenant compte de leurs possibilités. Ils n'interviennent que pour débloquer une situation et avec l'accord de l'auteur. J'insiste afin qu'ils ne peignent pas à la place des participants « pour leur faire plaisir ».

À la fin de la séance, j'interviens pour corriger certains détails, en ajouter quelques autres afin que l'auteur puisse être fier de son œuvre.

Le matériel

– Une feuille en bon bristol, blanche ou parfois colorée.

– La peinture choisie est de la gouache en tube. Chaque « palette » reçoit des crottes de rouge, jaune, bleu et vert, pas de brun et jamais de noir.
En revanche, les artistes sont incités à oser les mélanges les plus divers, sans pour autant négliger les compositions classiques. Ainsi, ils apprennent donc à faire eux-mêmes de l'orange, du violet, du brun… Le noir n'est introduit que pour des réalisations spéciales.

– Des pinceaux de très bonne qualité et de préférence taille 10 ou 12.
Il ne faut pas lésiner sur le prix des « petits-gris » ou des nouveaux pinceaux en fibres acryliques très performants mais, malgré tout, moins souples.

– Nos palettes utilisées sont des assiettes en plastique à usage unique.
Elle présentent tous les avantages : légèreté, maniabilité, gain de temps et d'argent.

– Il est donné à chaque artiste le nombre de serviettes en papier dont il peut avoir besoin.

Une technique

Depuis l'ouverture de ces ateliers, c'est la technique de la peinture sur bois que nous utilisons.

Cette façon de faire remonte dans un lointain passé, un temps où les « paysans » décoraient les pauvres meubles qu'ils fabriquaient en pin ou en sapin.
On a redécouvert cette technique artisanale en France depuis une dizaine d'années. Elle permet une approche simple, *populaire* – dans le bon sens du mot – de la création artistique, sans passer nécessairement par une école des Beaux-Arts.

Elle permet aussi la méthode du gras et du délié. Une technique qui rappelle toujours des souvenirs d'enfance : le facile ou difficile apprentissage des lettres avec la fameuse plume « sergent major » !

En des occasions bien choisies, j'apprends aux artistes qui dominent encore bien leurs gestes, qu'il est possible, avec un gros pinceau de bonne qualité, de tracer des lignes d'une grande finesse.

Il faut évidemment prendre en compte l'inévitable tremblement lié à l'âge et rassurer l'auteur.

Pour décomplexer, je prends le temps alors de montrer qu'une ligne « tremblée » est bien plus « vivante » qu'une ligne droite.

L'ambiance

L'ambiance est toujours très détendue, voire joyeuse.
Spontanément, les artistes s'admirent et s'encouragent les uns les autres.

À la fin de la séance, nous exposons toutes les peintures sur un panneau et « on s'admire » mutuellement. On choisit alors une œuvre pour l'exposition de fin d'année.

Table des illustrations

L'ensemble des peintures reproduites dans cet ouvrage a été donné par leurs auteurs à l'association L'Arbre à mains. Afin de préserver leur anonymat, les noms des patients ont été remplacés par des prénoms qui ne sont pas les leurs.

Charline
Détail
novembre 1995,
gouache sur papier,
21 x 29,7 cm,
p. 10.

Joseph
mars 2003,
gouache sur papier,
21 x 29,7 cm,
p. 18.

Jérôme
mars 2003,
gouache sur papier,
21 x 29,7 cm,
p. 20.

Andrée
mars 2003,
gouache sur papier,
21 x 29,7 cm,
p. 21.

Charline
novembre 1995,
gouache sur papier,
21 x 29,7 cm,
p. 23.

Maurice
juin 1999,
gouache sur papier,
21 x 29,7 cm,
p. 24.

Eugénie
mai 2007,
gouache sur papier,
21 x 29,7 cm,
p. 27.

Juliette
mai 1998,
gouache sur papier,
21 x 29,7 cm,
p. 28.

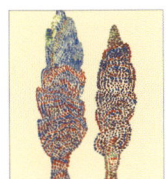

Louis
octobre 1998,
gouache sur papier,
21 x 29,7 cm,
p. 31.

Roland
mars 1998,
gouache sur papier,
21 x 29,7 cm,
p. 32.

Lydie
avril 1999,
gouache sur papier,
21 x 29,7 cm,
p. 35.

Rachel
février 1997,
Détail
gouache sur papier,
21 x 29,7 cm,
p. 36.

Jeanne
novembre 1998,
gouache sur papier,
21 x 29,7 cm,
p. 41

Simone
décembre 1995,
gouache sur papier,
21 x 29,7 cm,
p. 42.

Henriette
juin 2005,
gouache sur papier,
21 x 29,7 cm,
p. 44.

Julien
septembre 2006,
gouache sur papier,
21 x 29,7 cm,
p. 47.

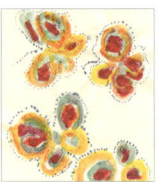
Irène
juin 2000,
gouache sur papier,
21 x 29,7 cm,
p. 49

Renée
mai 2007,
gouache sur papier,
21 x 29,7 cm,
p. 50.

Denise
octobre 2006,
gouache sur papier,
21 x 29,7 cm,
p. 53.

Georges
octobre 1999,
gouache sur papier,
21 x 29,7 cm,
p. 54.

Cyrilla
octobre 1999,
gouache sur papier,
21 x 29,7 cm,
p. 57.

Albert
novembre 1999,
gouache sur papier,
21 x 29,7 cm,
p. 59.

Louise
octobre 2005,
gouache sur papier,
21 x 29,7 cm,
p. 60.

Charles
juin 2005,
gouache sur papier,
21 x 29,7 cm,
p. 63.

Rachel
février 1997,
gouache sur papier,
21 x 29,7 cm,
p. 64.

Simone
novembre 1995,
gouache sur papier,
21 x 29,7 cm,
p. 66.

Simone
novembre 1995,
gouache sur papier,
21 x 29,7 cm,
p. 69.

Rachel
février 1997,
gouache sur papier,
21 x 29,7 cm,
p. 71.

Odette
juin 1998,
gouache sur papier,
21 x 29,7 cm,
p. 72.

Suzanne
mai 1997,
gouache sur papier,
21 x 29,7 cm,
p. 86.

Odile
octobre 1999,
gouache sur papier,
21 x 29,7 cm,
p. 89.

Marie
octobre 2000,
gouache sur papier,
21 x 29,7 cm,
p. 90.

Robert
mai 1998,
gouache sur papier,
21 x 29,7 cm,
p. 93.

José
décembre 1998,
gouache sur papier,
21 x 29,7 cm,
p. 94.

Denise
octobre 2006,
gouache sur papier,
21 x 29,7 cm,
p. 96.

Jeanne
décembre 1998,
gouache sur papier,
21 x 29,7 cm,
p. 99.

Étienne
novembre 2006,
gouache sur papier,
21 x 29,7 cm,
p. 100.

Lydie
avril 1999,
gouache sur papier,
21 x 29,7 cm,
p. 103.

Denise
septembre 2007,
gouache sur papier,
21 x 29,7 cm,
1re de couverture et p. 104.

Guy
juin 2007,
gouache sur papier,
21 x 29,7 cm,
p. 107.

Élisabeth
juin 2007,
gouache sur papier,
21 x 29,7 cm,
p. 109.

Denise
octobre 2005,
gouache sur papier,
21 x 29,7 cm,
p. 110.

Maud
octobre 1998,
gouache sur papier,
21 x 29,7 cm,
p. 113.

Étienne
Détail
novembre 2006,
gouache sur papier,
21 x 29,7 cm,
p. 114.

Table des matières

Comme au premier matin du monde   9
Jean Claude Ameisen

Apprivoiser les pinceaux et les couleurs   17
François Arnold

L'Atelier de l'Arbre à mains   37
François Arnold

Penser le manque   75
Jean Claude Ameisen

Postface   115
Docteur Marie-France Maugourd

Le déroulement d'une séance à l'atelier de peinture   119
François Arnold

Remerciements

À Chantal Deschamps, pour avoir imaginé et rendu possible la création de l'atelier de peinture de L'Arbre à mains auprès de personnes très âgées vivant à l'hôpital. À toi, pour la détermination avec laquelle, au nom des droits et du respect des plus vulnérables, tu permets l'implantation de structures nouvelles telles que les Maisons des Usagers à l'hôpital…

L'activité créatrice dans l'ambiance chaleureuse que ce livre révèle ne peut exister sans votre soutien à tous, hospitaliers de l'Assistance publique - Hôpitaux de Paris. À vous tous, animateurs, infirmiers, aides-soignants, médecins, chefs de service, directeurs d'hôpital, à vous, Chantal Rosier, Anita Rétif, Robert Gallier, Michel Bilis, Marie-France Maugourd, Henriette Lair, Gaëtan Stahl, qui avez cru les premiers en cette aventure humaine.

À Fabienne Ameisen, Bernard Stephan, Josette Piccioli, Alain Verstichel, Antoine Schneck, Bruno Gaurier, Delphine Richard, à vous tous et à toute l'équipe des Éditions de l'Atelier, qui avez accompagné avec passion la conception de ce livre.

Sites internet

Pour en savoir plus, vous pouvez écrire à L'Arbre à mains, 13 rue de la Pêcherie, 91100 Corbeil Essonne. Par courriel : arbreamains@orange.fr ou visiter le site internet : http://www.aphp.fr/index.php?module=association&action=detail&vue=association_detail&obj=126

Pour en savoir plus sur les questions concernant l'accompagnement médical et social du grand âge et de la maladie d'Alzheimer :
- L'Association France-Alzheimer : http://www.francealzheimer.org/
- L'Espace éthique de l'Assistance publique - Hôpitaux de Paris : http://www.espace-ethique.org/
- L'Assistance publique - Hôpitaux de Paris : http://www.aphp.fr/

*Toute personne qui reconnaît un dessin d'un ami
ou d'un membre de sa famille, peut se mettre en contact
avec François Arnold à l'association L'Arbre à mains.*

Conception et réalisation graphique : Alain Verstichel

Achevé d'imprimer sur les presses de
la Nouvelle Imprimerie Laballery – 58500 Clamecy
N° d'éditeur : 5992 – N° de fab : 6161 – N° d'imprimeur : 808170
Dépôt légal : octobre 2008

Imprimé en France

La Nouvelle Imprimerie Laballery est titulaire du label Imprim'Vert®